Entlang des Rheins von Emmerich bis Speyer

Frühe Farbfotografien

Peter Walther

Entlang des Rheins von Emmerich bis Speyer

Frühe Farbfotografien

© KOMET Verlag GmbH, Köln

Text: Peter Walther

www.komet-verlag.de

Gesamtherstellung: KOMET Verlag GmbH, Köln

Alle Rechte vorbehalten

ISBN 978-3-89836-922-0

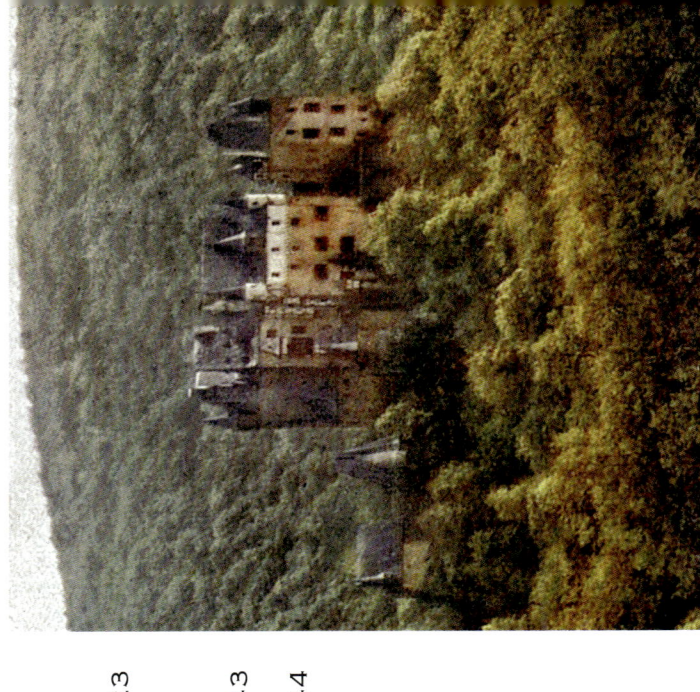

INHALT

DIE RHEINGEGEND IN FARBE

Wie sah die Kölner Innenstadt aus, bevor sie im Zweiten Weltkrieg in Schutt und Asche versank? Welche Farbe hatte das Markttreiben am Düsseldorfer Rathaus vor dem Krieg? Wie sahen Städte wie Aachen, Bonn oder Trier am Ende des Ersten Weltkriegs aus, als Autos im Straßenbild noch eine Seltenheit waren und Reklame noch nicht leuchtete, sondern auf Hauswände oder Blechschilder gemalt war? Die Farbfotos auf den folgenden Seiten verdanken sich einem Glücksfund. Sie vermitteln einen einmaligen Eindruck von den Städten und Landschaften am Rhein aus einer Zeit, aus der uns ansonsten fast nur schwarzweiße Bildzeugnisse überliefert sind. Doch woher stammen diese Fotos?

DER ERSTE FARBBILDBAND

Im Winter 1904 wurden die Kunden der Firma Stollwerck mit einer technikgeschichtlichen Novität für ihre Treue belohnt: In jeder Schokoladentafel fand sich ein Sammelbild mit einem Foto, auf dem eine Sehenswürdigkeit im Farbfoto abgebildet war, so etwa der damals noch im Bau befindliche Berliner Dom, die Seebrücke von Heringsdorf, das Parlament in Wien oder die Münchner Propyläen. Dabei handelte es sich nicht um nachkolorierte Schwarzweißaufnahmen, sondern im Druck vervielfältigte „echte Farbfotos". Eingesteckt werden konnten die Bilder in das Album „Aus Deutschlands Gauen. Die schönsten Punkte der Lande deutscher Zunge. Photographische Wiedergabe nach Naturfarbenaufnahmen. System Prof. Miethe". Ohne große Aufmerksamkeit zu erregen, war auf diese Weise das erste Farbfotobuch der Welt entstan-

*Der erste Band
mit Farbfotografien:
Das Stollwerck-Sammelalbum von 1904*

den. Wenig später erschienen, teilweise mit denselben Bildern, unter dem Titel „Die Welt in Farben" drei Fotomappen mit großformatigen Farbaufnahmen.

Auf den Erfolg dieser frühen Publikationen gründete der Carl Weller Verlag sein von 1912 bis 1930 realisiertes Vorhaben, die deutschen Landschaften systematisch in Farbe fotografieren zu lassen und die Fotos, versehen mit landeskundlichen Erläuterungen, als Bücher herauszubringen. Die im vorliegenden Band größtenteils zum ersten Mal wieder publizierten Bilder stellen eine Auswahl aus den zwei Rheinland-Bänden dieser Reihe dar, die um weitere Vorlagen ergänzt wurden. Hier soll in einem kurzen Überblick die Entstehungsgeschichte der Fotos beleuchtet werden. Außerdem werden die Protagonisten der frühen Farbfotogeschichte in Deutschland vorgestellt.

LICHT UND FARBE:
WIE DIE FARBE INS FOTO KOMMT

Dass es so frühzeitig bereits Farbfotos gegeben hat, mag vielfach verwundern, da unsere historische Wahrnehmung bis in die sechziger Jahre des 20. Jahrhunderts hin-

ein an die bildliche Überlieferung in Schwarz-Weiß gebunden ist. Der Übergang von der Schwarzweiß-Fotografie zur Farbe hat ein gutes Jahrhundert gedauert, und die Nachwehen dieser Entwicklung mit all ihren kulturgeschichtlichen und ästhetischen Empfindlichkeiten reichen bis an unsere Tage heran. Doch was ist eigentlich ein Farbfoto?

Folgen wir unserer Alltagserfahrung, ist ein Farbfoto eben kein Schwarzweißfoto, sondern ein Papierbild in Farbe. Wer in den Familienalben blättert, findet erste Exemplare zumeist in den sechziger oder siebziger Jahren des vergangenen Jahrhunderts. Dabei gab es bereits zu Beginn des 20. Jahrhunderts Versuche, Papierabzüge in Farbe herzustellen. Das sogenannte Utocolor-Papier (ab 1906) oder die Uvatypie blieben jedoch eine technikgeschichtliche Episode – vor allem wegen des hohen Aufwands (8 Laborstunden für ein Papierbild) und wegen der hohen Kosten – noch 1942 kostete eine einzige 13x18-Papiervergrößerung im Duxochrom-Verfahren zehn Reichsmark, ein Durchschnittsverdiener hätte sich von seinem Monatslohn gerade einmal 15 Vergrößerungen leisten können, ohne dann noch die Miete bezahlen oder etwas zu essen kaufen zu können.

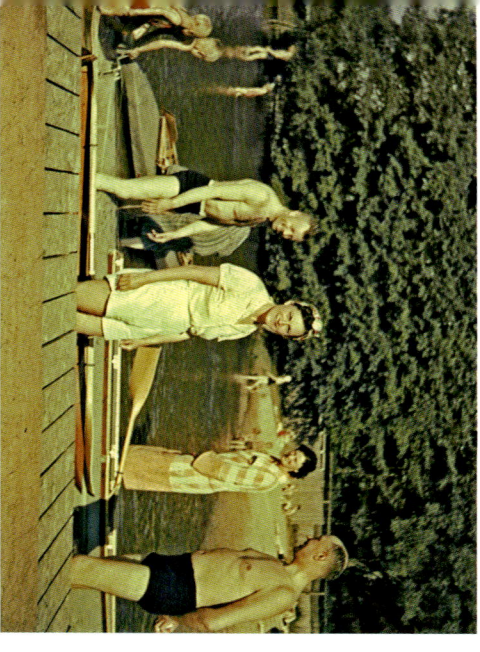

*Sommer 1939 in Bad Saarow,
ein Agfacolor-Dia*

Die Situation änderte sich auch nicht, nachdem ab 1940 das Agfacolor-Papier serienreif geworden war. Man versprach die Serienproduktion für die Zeit nach dem Krieg und belieferte lediglich die Propagandakompanien und die Filmproduzenten, die vom Kriegselend mit bunten Bildern ablenken sollten. Erst 1949 wurde in Ost wie West das farbige Papierbild eingeführt. Dagegen konnte man in den USA bereits seit 1941 seine Farbbilder ausbelichten lassen. Als Bildträger diente ein kleines Kunststoffplättchen (Minicolor Prints), ab 1942 wurden auch Papierbilder in Farbe möglich, deren Farben allerdings wenig alterungsbeständig waren.

Es gab jedoch Alternativen: Über Jahrzehnte hinweg wurde auf Diafilm fotografiert. Das farbige Durchsichtsbild, anfänglich in Form von Autochromplatten, später als Dia im Kleinbildformat, gehört zu den frühesten Formen der Farbfotografie. Schon vor der Wende zum 20. Jahrhundert gab es erste Bilder, und das erste Farbfoto überhaupt war ein projiziertes Bild. Der farbige Diafilm, ab 1936 als Kodachrome bzw. Agfacolor erhältlich, war auch das erste massentaugliche Mittel der Farbfotografie. Zum ersten Mal konnten nun auch Momentaufnahmen vom privaten Alltag farbig auf Film gebannt werden.

Eine dritte Verbreitungsform und die am Anfang häufigste ist die des gedruckten Farbbilds in Büchern und Zeitschriften, wie es die Vorlage für die hier versammelten Bilder bildet. Alle drei Erscheinungsweisen der Farbfotografie haben ihre eigene Geschichte, weswegen sich nicht leicht sagen lässt, wie alt die Farbfotografie eigentlich ist. Alle haben jedoch auch mit dem selben Grundproblem zu tun: Wie lassen sich farbenrichtige Bilder aufnehmen und wiedergeben?

Ohne auf Details einzugehen, lässt sich festhalten, dass Farbfotos letztlich durch die Synthese dreier Schwarzweißfotos entstehen. Anders gesagt: Auch ein Farbfilm (wie heute noch der Sensor einer Digitalkamera) speichert Farben lediglich als Helligkeitswerte. Da sich mit den Grundfarben Rot, Grün und Blau sämtliche andere Farben darstellen lassen, werden die jeweiligen Anteile des Lichts aus dem Spektrum herausgefiltert und in ihrer entsprechenden Intensität räumlich getrennt voneinander abgelegt.

Es war vor allem dem Erfinder- und dem Unternehmergeist von Adolf Miethe zu verdanken, dass die damals einzig massenkompatible Form der Farbfotografie, das gedruckte Farbbild, bereits seit 1902 Verbreitung fand. Wer war dieser Professor Miethe, nach dessen System Farbfotos hergestellt und verbreitet wurden, Jahre be-

vor die Brüder Lumière aus Lyon mit ihren Autochromplatten eine erste Welle der Euphorie unter Farbfoto-Amateuren auslösten?

ERFINDER, PUBLIZIST UND UNTERNEHMER: ADOLF MIETHE

Adolf Miethe wurde 1862 als Sohn des Stadtrats und Schokoladenfabrikanten Albert Miethe und der Gelegenheits-Schriftstellerin Caroline Miethe in Potsdam geboren. Sein Großvater, der Pfefferküchlermeister Johann Friedrich Miethe, hatte 1828 die erste Schokoladenfabrik in Deutschland in Betrieb genommen, die eine Dampfmaschine in der Produktion benutzte, weshalb man im Zeichen der Zeit das Erzeugnis unter dem Namen „Dampfschokolade" vertrieb. Miethes Mutter publizierte hin und wieder in der „Gartenlaube" und hatte eine Novelle geschrieben, die 1894 bei Reimer in Berlin erschienen war.

Die Fotografie stand schon relativ früh im Zentrum von Miethes Interessen: Bereits der sechzehnjährige Schüler des Potsdamer Victoria-Gymnasiums fühlte sich vom fotografischen „Verfahren selbst mit seinem geheimnisvollen, schwarzkünstlerischen Schimmer" angezogen, wie er sich später erinnerte. 1878 bestand Miethes Fotoausrüstung aus einer aus dem Holz einer Zigarrenkiste gefertigten Kamera. Weiter heißt es in seinen Lebenserinnerungen: „Eine Flasche Kollodium war das Kostbarste dieser Ausrüstung und meine Linse war nach vielen Versuchen aus einem alten Opernglas entstanden und gut genug."

Ab 1883 studierte Miethe Physik, Astronomie und Chemie in Berlin und Göttingen. Er interessierte sich besonders für Optik und Fotochemie und lernte in Berlin Hermann-Wilhelm Vogel kennen, damals Vorsitzender des „Vereins zur Förderung der Photographie". Auch der Wissenschaftler Johannes Gaedicke gehörte zu den Berliner Bekannten Miethes. Mit ihm gemeinsam erfand er 1887 das Magnesiumblitzlicht. Er konstruierte zwei Jahre später eine Magnesiumblitzlampe und erprobte deren Funktionsweise im Freien – sehr zum Ärger der Meteorologen, die von „seltenen Wintergewittern" ausgingen. Entsprechende Eintragungen des Potsdamer Astrophysikalischen Instituts mussten durch den Vermerk „Unfug Miethe" ersetzt werden.

1889 promovierte Miethe in Göttingen zu einem astronomisch-fotografischen Thema. Seit dieser Zeit Wissenschaftlicher Mitarbeiter der Mikroskop-Fabrik Hartnack in Potsdam, konstruierte er als einer der ersten mit Jenaer Gläsern die sogenannten Anastigmate. Nach dem Tod Hartnacks arbeitete Miethe seit 1891 bei der optischen Anstalt „Schulze und Bartels" in Rathenow. Er blieb nur drei Jahre in Rathenow und wechselte dann nach Braunschweig, wo er zunächst Mitarbeiter, dann Direktor bei Voigtländer wurde. Von hier aus wurde er 1899 nach Charlottenburg berufen, wo er die Nachfolge des schon erwähnten Hermann-Wilhelm Vogel als Professor für Photochemie an der Königlichen Technischen Hochschule antrat.

Als Miethe den Lehrstuhl in Charlottenburg übernahm, war das Augenmerk der internationalen Forschung auf die Entwicklung praxistauglicher Verfahren der Farbfotografie gerichtet. Die theoretischen Grundlagen standen längst fest: Wie eingangs beschrieben, lässt sich prinzipiell jede beliebige Farbe auf der Grundlage der drei Grundfarben darstellen. Das Zusammenspiel der Lichtfarben Rot, Grün und Blau ergibt Weiß, wie bereits Newton nachgewiesen hatte, dieses Verfahren wurde für die additive Farbmischung bei der Projektion durch Filter genutzt, – ebenso wie die Addition der Körperfarben Cyan, Magenta und Gelb – Schwarz ergibt, was für die subtraktive Farbmischung im Mehrschichtenfilm, beim Druck und beim Farbfotopapier von Bedeutung ist.

Auf diese Beobachtung bauend, hatte bereits der schottische Forscher James Clerk Maxwell 1861 ein Bild projiziert, das als erstes Farbfoto überhaupt gilt: Nacheinander sind drei Aufnahmen desselben Gegenstands entstanden, eines Ordensbandes mit Streifenmuster: fotografiert durch Filter in den drei Grundfarben. Soweit die Theorie. Dass die Versuchsanordnung bei Maxwell einigermaßen funktionierte, war jedoch eher verschiedenen Zufällen geschuldet, denn eine wesentliche Vorbedingung für die Belastbarkeit der Dreifarbentheorie in der Praxis war damals noch gar nicht gegeben, nämlich eine Fotoplatte, die auf alle Anteile des Lichtspektrums gleichermaßen empfindlich ist. Bis hinein ins frühe 20. Jahrhundert reagierten die Fotoplatten im wesentlichen nur auf den Blauanteil des Lichts, waren also "farbenblind". Deshalb waren die Bemühungen der Forscher in den Jahrzehnten vor der Jahrhundertwende darauf gerichtet, die Fotoplatte auch auf die anderen Farbanteile des Spektrums zu sensibilisieren. Wesentliche Erfolge erzielte hierbei der Vorgänger von Miethe auf dem Charlottenburger Lehrstuhl, Hermann-Wilhelm Vogel, der die Platten für Grün und Gelb empfindlich machte, sowie Miethe selbst, der 1902 gemeinsam mit seinem Studenten und Mitarbeiter Arthur Traube die Rot- und Orange-Sensibilisierung der Fotoplatte verbesserte.

Bis zu diesem Zeitpunkt bemühten sich Forscher in Frankreich, den USA und Deutschland mit mäßigem Erfolg, die bekannten theoretischen Grundlagen der Farbfotografie mit Farbauszügen in der Praxis umzusetzen. Gebraucht wurden zum einen Kameras, die das umständliche Verfahren der sukzessiven Aufnahme von drei Fotos des selben Motivs möglichst einfach bewältigen, zum andern Geräte, die das zusammengefügte Bild in der Durchsicht oder Projektion überhaupt erst sichtbar machen konnten.

Als Adolf Miethe nach seiner Berufung an die Technische Hochschule in Charlottenburg begann, sich für Theorie und Praxis der Farbfotografie zu interessieren, zeigte das relativ rasch Ergebnisse. Bereits 1899 baute der bekannte Berliner Kameratischler Bermpohl nach Entwürfen Miethes das Modell einer Wechsel-

Wechselschlittenkamera (um 1900)

schlittenkamera, das den Wissenschaftler fortan bei seiner farbfotografischen Praxis begleitete. Mit ihr konnte man durch das auf einem Schlitten gelagerte bewegliche Rückenteil relativ einfach nacheinander drei Teilaufnahmen machen. Die Miethe-Farbenkamera wurde über drei Jahrzehnte hinweg hergestellt und war im deutschsprachigen Raum die am weitesten verbreitete Wechselschlittenkamera.

Entscheidend für den Fortschritt in der Farbfotografie waren jedoch nicht Miethes Verdienste in der Apparatetechnik, den Durchbruch zu praxistauglichen Lösungen brachte vielmehr die verbesserte Sensibilisierung der Fotoemulsion, wie sie Miethe und Traube 1902 gefunden hatten. Miethe erinnerte sich:

„So konnte ich im Winter und Sommer 1902 bereits mit meinem neuen Gerät die erste Sammlung von farbigen Naturaufnahmen herstellen, die alles bis dahin Erzeugte tatsächlich tief in den Schatten stellte. Auch ein vorzüglicher Farbenbildwerfer war bald gebaut, und die ersten Farbenbilder begeisterten nicht nur mich, sondern gewannen auch das mir unendlich wertvolle herzliche Lob von Künstlern wie Menzel und Thoma.

Beide alte Herren haben gemeinsam eines Tages auf einer Bank in meinem Hörsaal gesessen und haben andächtig und mit rührender Begeisterung meine Farbenbilder angesehen, und Thoma sagte: ‚Als ich noch ein kleiner Junge war und die Schafe hütete, da habe ich von dem geträumt, was ich als alter Mann jetzt hier mit meinen Augen wahrhaftig und leibhaft vor mir sehe.'

Auch das kaiserliche Haus ließ sich meine Farbenbilder mehrfach vorführen. Der Kaiser war begeistert von deren Naturschönheit und sprach über den Einfluss, den diese Lichtbilder vielleicht auch auf die Künstler haben würden. Er gab dabei der Meinung Ausdruck, dass gewisse Auswüchse der Farbgebung der jüngsten Malerschulen an diesen echten Farben gesunden könnten.

So begann dann eine eifrige Sammelarbeit von Farbenbildern aus allen deutschen Gauen, zu deren Herstellung vor allen Dingen Sommer und Herbst 1903 zur Verfügung standen, und die ich selbst zum größten Teil anfertigte. Ich reiste mit meinem neuen Gerät in deutsche Ur- und Kunstwälder, besuchte die staatlichen Weinberge an der herrlichen Mosel und am Rhein, sammelte Bil-

Adolf Miethe

der von Burgen, Stadtansichten und besonders eigenartige Landschaftsformen, arbeitete in der Heide, im Moor, in den Laubwäldern des Mittelgebirges, in den süddeutschen Flusstälern der Altmühl, der Donau, der Isar und des Oberrheins und schaffte so in kurzer Zeit eine einzigartige Sammlung von Bildern deutscher Landschaften und Wirtschaftsformen, wobei ich selbst mit vollen Zügen die Schönheiten dieser richtigen Künstlerreisen genoss.

Vom Jahre 1902 an war die Kamera meine stete Begleiterin. Ich schilderte mit ihr nicht nur die geliebte Heimat, in ihren wunderbaren mannigfaltigen Stimmungen, sondern nahm sie auch auf alle Reisen, zum Sommeraufenthalt nach Althagen, zur Frühjahrsreise an den Gardasee und nach der Mittelmeerküste mit. Ein volles Jahrzehnt habe ich so gesammelt und Tausende gelungener Farbenaufnahmen aus aller Welt zusammengebracht."

Miethe war ein Praktiker. So sehr seine Entdeckungen auch der Theorie bedurften, sowenig verlor er den Blick für die Verwendbarkeit seiner Forschungsergebnisse. Für das von ihm zur Praxistauglichkeit vorangetriebene Verfahren der Dreifarbenfotografie baute er eine kleine Verwertungskette auf: Publiziert wurden die Bilder nicht nur zu Tausenden als Postkarten, heute begehrte Sammlerobjekte, die gleichen Motive wurden auch, wie eingangs erwähnt, als Schokoladen-Sammelbildchen und – in deutlich besserer Qualität – als Illustrationen in dem ab 1906 erscheinenden dreibändigen Werk „Die Welt in Farbe" von Johannes Emmer sowie in Nachfolge-Publikationen des Carl-Weller-Verlags verwendet. Außerdem finden sich Miethe-Fotos in zahlreichen Publikumszeitschriften wie etwa in „Westermanns Monatsheften", in der Illustrierten Wochenschrift „Prometheus" oder in „Velhagen und Klasings Monatsheften". Auch diverse „Kleinalben" wurden vertrieben. Das 1904 im Verlag der Gebrüder Stollwerck erschienene Album versammelt jene Fotos, von denen Miethe in seinen Erinnerungen spricht. Ein Vergleich der Bilder aus dem Stollwerck-Album mit Motiven, für deren Druck dieselben Vorlagen zu einem späteren Zeitpunkt genutzt wurden, lässt die dürftige Reproduktionsqualität dieser ersten Bilder erkennen, zugleich aber auch die schnellen Fortschritte in der Drucktechnik.

Frau mit rotem Schirm.
Foto: Adolf Miethe (1902)

Trajans-Tempel auf Philae.
Foto: Adolf Miethe (1908)

Miethe selbst war der erste Fotograf, der die Farbkamera auf Reisen benutzte, zunächst in Deutschland, Österreich und Italien, vielfach auch an seinem Urlaubsort Ahrenshoop, wo er für sich und später auch für seine Tochter ein Haus erworben hatte. 1908 unternahm er eine Expedition nach Ägypten, und bereits im Folgejahr erschien das populärwissenschaftliche Reisebuch „Unter der Sonne Ober-Ägyptens" mit 45 Dreifarbenbildern. Dieses Buch erlebte eine Neuauflage mit dem Untertitel „Neben den Pfaden der Wissenschaft". Zur Verwertungskette gehörte die Nutzung der Farbfotografien in einem Buch von Miethes Tochter Käthe, das 1923 unter dem Titel „Die Smaragde des Pharao. Eine Abenteuerfahrt vom Nil zum Roten Meer" erschien. 1910 nahm Adolf Miethe an einer Expedition nach Spitzbergen teil. Im Jahr darauf erschien ein Bericht von der Expedition in Buchform, wiederum mit zahlreichen Farbfotos des Forschers illustriert. Auch diese Fotos wurden in verschiedenen Büchern weiterverwendet, so wiederum auch in dem Abenteuerbuch Käthe Miethes „In das Eismeer verschlagen", das 1925 erschien. Miethe war es übrigens auch, der 1906 das erste Farbfoto vom Ballon aus in 450 m Höhe aufnahm und der sechs Jahre später die erste Farbaufnahme vom Mond fertigte.

Noch ein Jahr vor seinem Tod bestritt Miethe 1926 eine Vortragsreihe in der Berliner Funkstunde zu den Fragen der Farbfotografie, deren Manuskripte erhalten sind. In der historischen Erinnerung hob Miethe die Leistungen seiner Vorgänger und Mitstreiter hervor und bettete die eigenen darin ein. Drei Jahrzehnte zuvor hatte er in der Zeitschrift „Atelier des Photographen" seine von den geschichtlichen Verheerungen des 20. Jahrhunderts noch ungetrübte pragmatische Haltung beschrieben: „Es handelt sich für den Mann der Praxis um weiter nichts als um das Bestreben, aus dem Fortschritt den größtmöglichen Nutzen zu ziehen." – Was ihm, wie sich im Rückblick sagen lässt, eindrucksvoll gelungen ist.

DEUTSCHLAND IN FARBE – DER CARL WELLER VERLAG

In den Jahren ab 1906 erschienen im „Verlag für Farbenphotographie Carl Weller" in kurzer Folge Bildbände mit Farbaufnahmen, die teilweise bereits im Stollwerck-Album zu sehen waren. Die fast 250 Fotos, die in den drei Bänden veröffentlicht wurden, sind mit der Wechselschlittenkamera von Miethe aufgenommen

worden, wie der Beschreibung des Verfahrens in einem Prospekt zu entnehmen ist, das die Bücher vor deren Erscheinen ankündigte. Auch sind einige der bei Weller erschienenen Fotos von Miethe-Vorlagen reproduziert worden. Die Bücher sind sogenannte Mappenwerke, d. h. die Bilder liegen einzeln auf schwarzer oder grauer Pappe kaschiert und durch Seidenpapier vor Abrieb geschützt in der Mappe, und ein ebenfalls mit Farbbildern illustriertes Begleitheft liefert die landeskundlichen Erläuterungen.

Die Frühgeschichte des Carl Weller Verlags ist einigermaßen verwirrend. Veröffentlichungen des Berliner Verlags „C. A. Weller" tauchen zuerst 1902 auf. Vorher schon gab es in Kahla in Thüringen „A. Weller's Verlag". Das oben erwähnte Werk ist in einem Prospekt von 1905/06 zunächst als Produkt der „Kunsthandlung für Farbenphotographie Franz Feil, Berlin-Schöneberg, Stubenrauchstr. 6a" angekündigt worden, erschien aber ab 1906 unter drei verschiedenen Labels, unter dem des „Verlags für Farbenphotographie Carl Weller", des „Verlags für Österreich und Ungarn" und der „Verlagsanstalt für Farbenphotographie Carl Weller" (ab 1907/08). In welcher Beziehung die unterschiedlichen Unternehmungen zueinander standen, ob es sich um verschiedene Namen für denselben Verlag, um Filialen oder um eigenständige Einrichtungen handelte, bleibt im Dunkeln. Für drei Bände in der Zeit 1912-1918 wird ein Teilhaber namens Hüttich in den Verlagstitel des Carl Weller Verlags aufgenommen, der aus dem Verlagsnamen späterer Publikationen jedoch wieder verschwindet.

Bereits 1910 erschienen als zweites Großvorhaben nach der „Welt in Farben" zwei großformatige Bände mit Farbfotos aus den deutschen Kolonien. Der kulturgeschichtliche Wert dieser Aufnahmen lässt sich heute nicht hoch genug einschätzen. Es handelt sich durchweg um die frühesten Farbfotos der abgebildeten Ortschaften, aufgenommen zu einer Zeit, als farbige Reproduktionen in Europa noch Pioniercharakter besaßen. Gezeigt werden aber auch Trachten, Porträts von Einheimischen, Gebäude, technische Einrichtungen und Momentaufnahmen des kolonialen Alltags in Farbe, wie sie sonst vereinzelt nur auf den etwas später entstandenen Autochromen überliefert sind, die im Auftrag des französischen Bankiers Albert Kahn entstanden.

Der Weller Verlag betrieb hohen Aufwand, indem er mehrere Expeditionen ausrüstete, die in Afrika und im Fernen Osten Farbfotos aufnahmen, von denen 250 für die Buchausgabe ausgewählt wurden. Doch machte sich das große finanzielle Risiko für den Verlag bezahlt. Die 1910 erschienene Ausgabe des Werks fand zum sagenhaften Preis von 220 Reichsmark Absatz. Im Jahr darauf erschien eine preiswerte Volksausgabe mit einer Auswahl von achtzig Farbfotos aus dem Mappenwerk und erläuternden Texten. Bereits 1914 kam dieses Buch in zweiter Auflage (20.–60. Tausend) heraus, gleichzeitig brachte der Verlag Sammelalben, Postkarten sowie in Papiertaschen zusammengefasste kleinformatige Einzelblätter heraus. Nach dem endgültigen Verlust der Kolonien wurde 1924 mit einer „Jubiläumsausgabe" (was sich auf die vierzigjährige Wiederkehr des „Kolonialfiebers" von 1884 bezog) die „Nationalausgabe" von 1910 neu aufgelegt. Ein weiterer Auswahlband erschien 1937 und schließlich 1941, diesmal mit dem Vorwort eines Nazi-Funktionärs.

Seine dritte Großunternehmung eröffnete der Carl Weller Verlag mit dem Band „Die Mark Brandenburg

Hereros.
Foto aus dem Band „Die Deutschen Kolonien in Farbenphotographie" (1910)

in Farbenphotographie". Verteilt auf dreizehn Bände erschienen in den Jahren bis 1930 Bände mit Fotos aus vielen Teilen Deutschlands, wobei der nordöstliche und östliche Teil (Mecklenburg, Pommern und Ostpreußen) ausgespart blieb. Bis zum Ende des Ersten Weltkriegs erschienen nach dem Brandenburg-Band noch Bücher mit Farbfotos über Schwaben, Sachsen und Bayern, es folgten Aufnahmen vom Rheinland, von Schlesien, den Hansestädten Hamburg, Lübeck und Bremen und von Thüringen.

Die den Bildern beigegebenen Texte mit landeskundlichen und historischen Inhalten sind von Fachleuten verfasst worden und sollen einen Überblick über Geschichte und Gegenwart des jeweiligen Landes bieten. In der Mehrzahl sind diese Beiträge heute noch lesbar, auch wenn sich vielfach der nationalistische Grundton der Zeit eingeschlichen hat. Dass die Grenzen zwischen Patriotismus, zwischen Heimatliebe und Nationalismus fließend sind, lässt sich gut an den verschiedenen Vorworten ablesen. Die beiden Bände über die Rheingegend sind 1921 (Niederrhein) und 1922 (Mittelrhein) erschienen, die Fotos dürften zum größten Teil jedoch schon während des Ersten

Weltkriegs entstanden sein. Aus dem Vorwort lässt sich schließen, dass die Vorbereitungen zu dem Band auf die Zeit vor 1917 zurückgingen. Für den Verlag war es ein günstiger Umstand, dass der erste Band nach dem Ende des Ersten Weltkriegs Bilder vom Rheinland brachte. Hier ließ sich gut auf der nationalistischen Empörungswelle schwimmen, die die französische Besetzung des Rheinlands ausgelöst hatte. Herausgeber ist der rheinische Kunstwissenschaftler Erich Renard, dem wohl auch der großzügige topographische Begriff der „Rheinlande" zu verdanken ist. Selbst wenn die kulturhistorische Dimension der „Rheinlande" topographisch weit über das hinaus geht, was wir heute als Rheinland verstehen, wurde im Hinblick auf den dokumentarischen Wert der Aufnahmen im vorliegenden Band das Prinzip der ursprünglichen Auswahl beibehalten.

Auffallend wenig Wert wird in den Einzelbänden der Deutschland-Reihe auf Angaben zu den Fotografen gelegt. So wird die Autorenschaft einzelner Bilder nicht nachgewiesen. Mit Ausnahme des Graphikers Rudolf Hacke (1881–1952), der anteilig Fotos zu den Bänden „Mark Brandenburg", „Schwaben" und

„Sachsen" beigesteuert hat, ist über die Lebenswege der Fotografen wenig bekannt. Erkennbar ist jedoch das Prinzip, dem Künstler, dem man die Komposition der Aufnahme anvertrauen konnte, einen Fotochemiker zur Seite zu stellen, der für den technischen Aspekt der Aufnahme prädestiniert war. Julius Hollos ist von allen Fotografen dem Unternehmen „Deutschland in Farbenphotographie" am längsten treu geblieben. Er war an acht Bänden mit Fotos beteiligt, darunter am ersten (1912) und am letzten (1930). Die Fotos in den beiden Bänden, die den Rheinlanden gewidmet sind, wurden vor allem von dem Fotografen Josef Henne aus Düsseldorf und dem Maler Joachim Heinrich Bahr angefertigt.

Im Hinblick auf die Gestaltungsmöglichkeiten hatte die Farbe im Foto zunächst ihren Preis in der eingeschränkten Beweglichkeit – sowohl des Fotografen wie auch der Motive. Die Miethe-Naturfarbenkamera des bekannten Berliner Kameratischlers Bermpohl konnte es mit Zubehör und Platten auf ein beträchtliches Gewicht bringen. Als ebenso folgenreich für die Aufnahmen selbst wirkte sich der Umstand aus, dass vom selben Motiv nacheinander

drei Aufnahmen gemacht werden mussten. Richtig gut ging das nur bei unbeweglichen Motiven.

Der Verlag von Carl Weller lebte nach 1945 nicht wieder auf – nicht nur deshalb, weil er sich politisch diskreditiert hatte, dies haben andere Verlage ohne größeren Schaden für ihre Zukunft auch –, sondern weil seine Zeit abgelaufen war. Weller verlegte in den Jahrzehnten von 1906 bis zum Jahr 1938, als die ersten Bücher mit Agfacolor- und Kodachrom-Fotos herauskamen, nahezu ausschließlich Farbbildbände. Einige Verlage versuchten sich als Trittbrettfahrer beim Farbbildband-Geschäft, jedoch mit mäßigem Erfolg oder mit nur regionaler Ausstrahlung.

Die Spezialisierung hatte für den Weller Verlag ihren Preis. Seitdem die Farbfotografie mit Einführung der modernen Mehrschichtenfilme ein Massenprodukt in den Händen der Amateure geworden war, schwand der Markt für die aufwändig hergestellten Bände des Weller Verlags. Dass der technische Umbruch mit einem allgemeinen gesellschaftlichen zusammenfiel, mag den Verfall des Verlags beschleunigt haben.

BUNT ODER FARBIG?
DER WERT DER FARBE IM FOTO

Obwohl die Versuche, Farbe ins Foto zu bekommen, beinahe so alt sind wie die Geschichte der Fotografie selbst, stellte sich bei Einführung der Farbfotografie zu Beginn des 20. Jahrhunderts heraus, dass sechzig Jahre Schwarzweiß-Fotografie inzwischen einen ästhetischen Standard etabliert hatten. Das Fehlen der Farbwerte wurde nur anfänglich als Unzulänglichkeit begriffen, ansonsten hatte man sich bald in den technischen Begrenzungen eingerichtet und alle gestalterischen Mittel auf sie ausgerichtet. So mag es nicht verwundern, dass das Aufkommen der Dreifarbenfotografie von verschiedenen Seiten mit Skepsis begleitet wurde. Einige dieser Bedenken hat der Afrika-Reisende Gustav Fritsch (1838–1927) im ersten Teil des „Kolonien"-Farbfotobands von 1910 in seinem Geleitwort aufgegriffen:

„Die heftigsten Gegner des Verfahrens sind wohl unter den Malern zu finden, was dem inneren Wesen der Sache nach begreiflich genug ist. Doch sollten diese Gegner nicht den Vorwurf der ‚unnatürlichen

Farben' erheben, denn tatsächlich sind gerade ihnen die Farben zu natürlich. Der Maler verlangt von einem ‚Bilde' außer den Lokaltönen auch ‚Stimmung', das heißt die Unterordnung der Lokaltöne unter eine auf einen bestimmten Effekt berechnete, allgemeine Färbung. Es ist bekannt genug, wie leider die Sezessionisten sich nicht selten durch den Missbrauch dieser berechtigten Forderung an der Natur versündigt haben.

Eine ordnungsgemäße Ausführung der Dreifarbentheorie, welche die Grundfarben richtig gegeneinander abwägt, gibt allerdings keine ‚sezessionistischen' Bilder, sie unterdrückt vielmehr, wie man zugeben muss, sehr häufig die ‚Stimmung' überhaupt. Aber es fehlt nicht an Beispielen, die beweisen, dass darin kein Grundfehler der Dreifarbentheorie liegt, sondern dass eine sichere und sachgemäße Handhabung des Verfahrens auch vortreffliche Stimmungsbilder erzeugt, wie solche in unserer Zeit besonders durch Herrn Miethe vielfach vorgeführt wurden. Hierbei muss eben der photographische Künstler dem mechanischen Verfahren verständnisvoll entgegenkommen."

Es wurde schnell deutlich, dass die Farbfotografie im Mutterland des Idealismus sich nicht auf ihre dokumentarische Funktion beschränken würde. Die frühen Farbaufnahmen lassen die Absicht erkennen, das Wesenhafte einfangen zu wollen – „das Dorf" oder „die Landschaft" – jenseits störender Zufälligkeiten, wie sie die moderne Zivilisation hervorbringt. Auf den Bildern ist kaum einmal ein rauchender Schornstein, ein Bahnhof oder eine Elektroleitung zu sehen – die Aufnahmen wirken wie Genrebilder aus dem 19. Jahrhunderts. Festgehalten werden sollte das „Überzeitliche", ein gültiges Abbild von Landschaft und Leuten – neuzeitliche Urbanität störte in diesem Konzept. Sicher geht man nicht fehl, diese Romantisierung als Reflex auf die industrielle Umgestaltung der Lebenswelt in jener Zeit zu sehen.

Die frühen Farbaufnahmen vom Rheinland besitzen für uns heute einen hohen Anschauungswert. Nicht nur das Inventar, sondern auch das Bild der Städte im Ganzen hat sich durch Kriegszerstörung und Wiederaufbau gravierend verändert. Betroffen sind weniger die kunsthistorisch wichtigen Gebäude, sie sind in ihrer Mehrzahl wieder hergerichtet worden, sondern ganze Stadt-

viertel mit alter Wohnbebauung, die in Jahrhunderten kleinteilig gewachsen war. Die Farbe in den Fotos gibt den Aufnahmen aus der Vorkriegszeit einen unwirklichen Charakter, sie lässt uns das alte Bild der Städte und Landschaften links und rechts des Rheins zugleich fremd und nahe erscheinen.

Peter Walther

EMMERICH MIT
MÜNSTERKIRCHE
Foto: J. Henne, J. Bahr
(1921)

DIE SCHWANENBURG
IN KLEVE
Foto: J. Henne, J. Bahr
(1921)

SCHLOSS HAAG IN GELDERN

Foto: J. Meurs, J. Brile (1921)

DOM ZU XANTEN

Foto: J. Henne, J. Bahr (1921)

RATHAUS IN KALKAR
Foto: J. Henne, J. Bahr
(1921)
▲

DUISBURG,
IM INDUSTRIEHAFEN
Foto: Hans Hildenbrand
(1931)
▼

VERWALTUNGSGEBÄUDE
DER EMSCHER-
BAUGENOSSENSCHAFT
IN ESSEN
Foto: J. Henne, J. Bahr
(1921)
▼

HAUSGARTEN IN ESSEN
Foto: J. Henne, J. Bahr
(1921)
▲

DIE ZECHE THYSSEN IN ESSEN

Foto: J. Menne, J. Bahr (1921)

SCHLOSS BORBECK IN ESSEN

Foto: J. Henne, F. Bahr (1921)

33

RATHAUS IN DÜSSELDORF

(um 1890)

DÜSSELDORFER
ROCHUSKIRCHE

*Nach der Zerstörung im
Zweiten Weltkrieg blieb lediglich der Turm erhalten. Das
Langhaus wurde durch einen
modernen Kuppelbau ersetzt.*

Foto: J. Henne, J. Bahr

BLICK AUF DIE
KÖNIGSALLEE
IN DÜSSELDORF

Foto: J. Henne, J. Bahr
(1921)

SCHLOSS JÄGERHOF, HEUTE GOETHE-MUSEUM

Foto: J. Hanne, J. Bahr (1921)

LANDSKRONE MIT EHE-
MALIGER KUNSTHALLE
IN DÜSSELDORF

*Foto: F. Henne, F. Bahr
(1921)*

▲

DÜSSELSCHLÖSCHEN,
LAMBERTUSTURM UND
SCHLOSSTURM

*Das 1911 zerstörte
Düsselschlösschen wurde
nicht wieder aufgebaut.
Foto: F. Henne, F. Bahr
(1921)*

▼

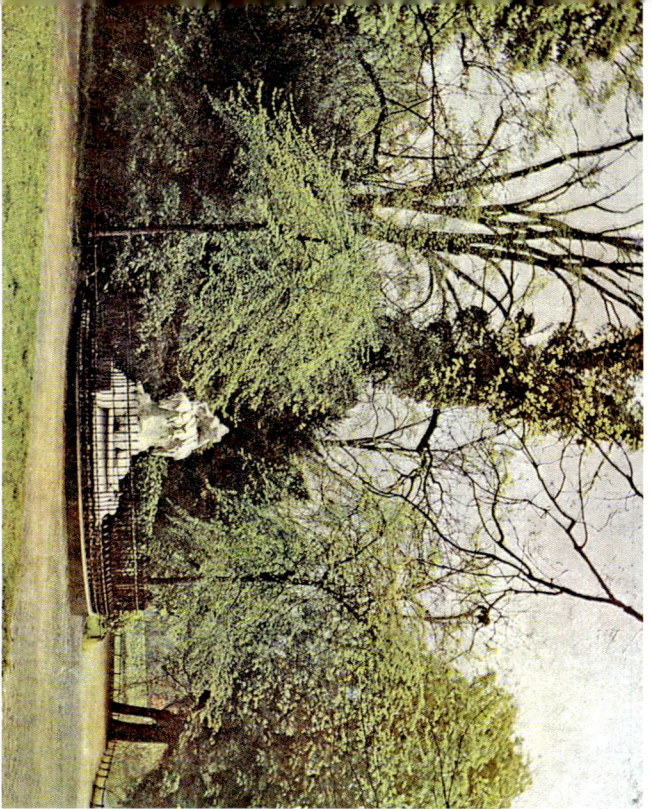

KINDERBRUNNEN IM DÜSSELDORFER HOFGARTEN

Foto: I. Mann, I. Bahr (1921)

SCHLOSS BENRATH

Foto: I. Mann, I. Bahr (1921)

EHEMALIGES PLANETARIUM
Heute Tonhalle Düsseldorf (um 1959)

DÜSSELDORFER HAFEN

Foto: J. Henne. J. Bahr

(1921)

SCHLOSS BURG AN DER WUPPER

Foto: J. Henne, J. Bahr (1921)

WUPPERTAL-BARMEN

(um 1939)

STADTTHEATER
BARMEN

*Das heutige Opernhaus
Wuppertal (um 1939).
Das Gebäude wurde 1943
durch Bomben zerstört und
ist bis 1956 in westlichen
Stil wiederaufgebaut worden.*

SCHWEBEBAHN
BEI ELBERFELD
Foto: F. Henne, F. Bahr
(1921)

SCHLOSS HOMBURG

*Foto: J. Menne, J. Bolz
(1921)*

DAS MANNESMANNSCHE
HAUS ZU REMSCHEID

*Das Haus wurde Mitte
der 1970er Jahre ins
Rheinische Freilichtmuseum
Kommern/Eifel versetzt,
wo es heute noch steht.
Foto: J. Menne, J. Bolz
(1921)*

ECKENHAGEN

Foto: J. Hamm, J. Bode (1921)

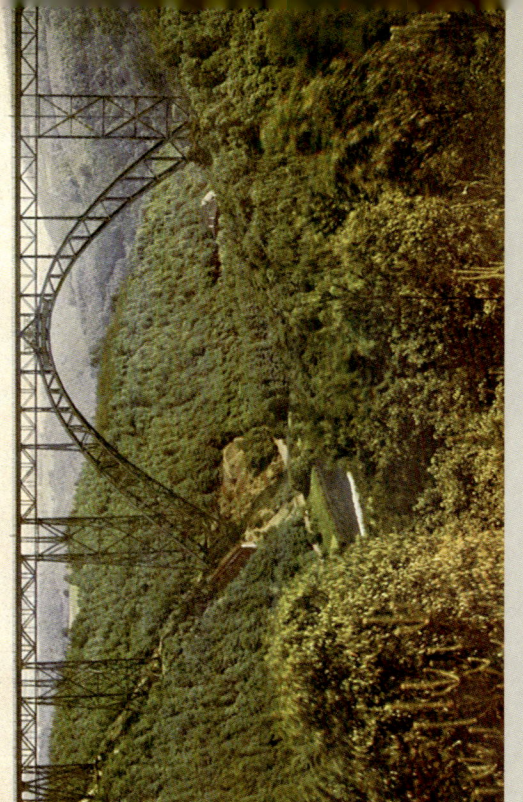

DIE MÜNGSTENER
BRÜCKE VON 1897

*Mit 107 Metern Höhe
ist die Brücke auch heute noch
die höchste Stahlgitterbrücke
Deutschlands.*

*Foto: J. Henne, J. Bahr
(1921)*

52

SCHLOSS EHRESHOVEN

Foto: J. Manne, J. Bohr

(1921)

REFORMIERTE KIRCHE
IN HÜCKESWAGEN

Foto: J. Henne, J. Buhr (1921)

EICHERHOF BEI LEICHLINGEN

Foto: J. Henn, J. Bahr (1921)

BELLINGHOVEN (HEUTE ZU ERKELENZ)

Foto: J. Henne. J. Buhr (1921)

WASSERMÜHLE
IN GUSTORF
(BEI GREVENBROICH)

Ein Schmuckstück der Gemeinde ging
bei einem Brand 1961 verloren.

Texte: J. Henn, J. Bels
(1921)

ZOLLTURM VON ZONS

Foto: J. Henne, J. Buhr

(1921)

DER KÖLNER DOM
MIT GROSS-ST. MARTIN
UND RATHAUSTURM
Foto: J. Henne, J. Bahr
(1921)

DER KÖLNER DOM IM STADTBILD
Foto: J. Henne, J. Bahr (1921)

DAS OVERSTOLZENHAUS
IN DER RHEINGASSE

Ein Patrizierhaus aus dem 13.
Jahrhundert, heute Sitz der
Kunsthochschule für Medien.
Foto: J. Henne, J. Bahr
(1921)

BLICK VOM ROTENBERG
AUF GROSS-ST. MARTIN
IN KÖLN
Foto: J. Henne, J. Bahr
(1921)

DER NORDWESTLICHE
ECKTURM DER RÖMI-
SCHEN STADTMAUER
*Foto: J. Henne, J. Bahr
(1921)*

▲

IN DER KÖLNER
JESUITENKIRCHE ST.
PETER
*Die Taufkirche von
Peter Paul Rubens wurde
im Zweiten Weltkrieg fast
vollständig zerstört.*
*Foto: J. Henne, J. Bahr
(1921)*

▼

FILZENGRABEN IN KÖLN
MIT FASSBINDER-
ZUNFTHAUS

Foto: J. Henne. J. Bode
(1931)

▲

SINGMEISTER-
HÄUSCHEN BEI
S. MARIA IM KÖLNER
KAPITOL

Foto: J. Henne. J. Bode
(1931)

▼

ST. GEREON ZU KÖLN

Der Wiederaufbau der Kirche
nach der Kriegszerstörung
wurde erst 1984 abgeschlossen.
Foto: J. Henne, J. Bahr
(1921)

BLICK AUF DAS
KÖLNER RATHAUS

Foto: J. Henne, J. Bahr
(1921)

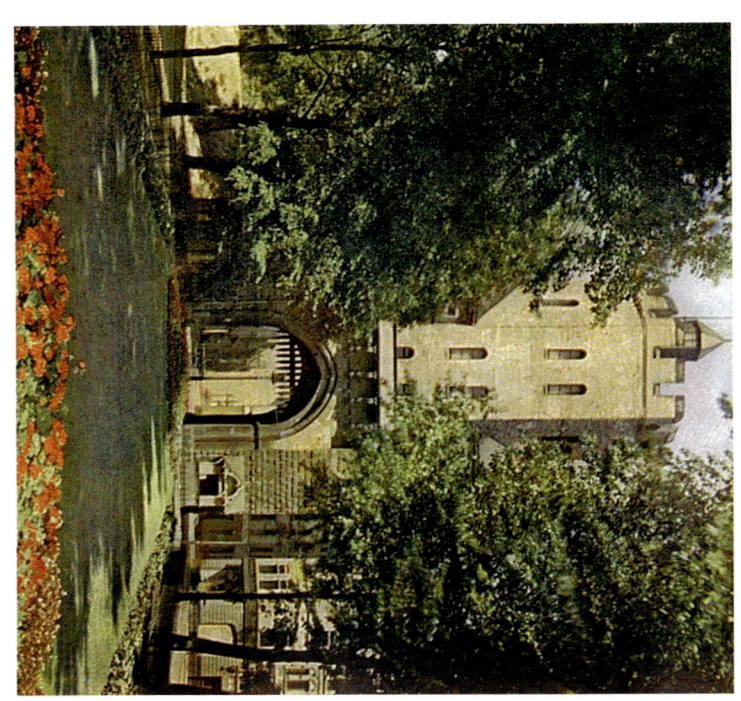

SEVERINSTORBURG
IN KÖLN
Foto: I. Henne, I. Bohr
(1921)

KÖLN, BLICK VOM
RATHAUSTURM AUS AUF
GROSS-ST. MARTIN UND
DIE GIEBELHÄUSER
AM ALTEN MARKT

*Während die Kirche nach
ihrer Zerstörung im Krieg
wiederaufgebaut wurde, ist
die historische Wohnbebauung
vollständig vernichtet worden.*

*Foto: J. Henne, J. Bahr
(1921)*

BURG VEYNAU
Foto: J. Henne. J. Bahr
(1921)

BRÜHL, TREPPENHAUS
DES SCHLOSSES
Foto: J. Henne. J. Bahr
(1921)

DAS RATHAUS IN
AACHEN
*Foto: J. Henne, J. Buhr
(1921)*

AACHENER MÜNSTER UND RATHAUS
Foto: J. Henne, J. Buhr (1921)

NEUES KURHAUS IN AACHEN

Foto: J. Mann, J. Bode (1921)

KAISER-FRIEDRICH-
DENKMAL IN AACHEN

Foto: J. Henne, J. Bahr
(1921)

AACHEN VOM MARIENTURM AUS

Foto: J. Klauss, J. Bahr (1921)

ALTE RHEINBRÜCKE
IN BONN

Die Brücke wurde am
8. März 1945 von der
Wehrmacht gesprengt; an ihrer
Stelle steht heute die
Kennedybrücke

Foto: F. Henne, F. Bahr
(1921)

UNIVERSITÄT IN BONN

Foto: F. Mann, F. Bahr (1924)

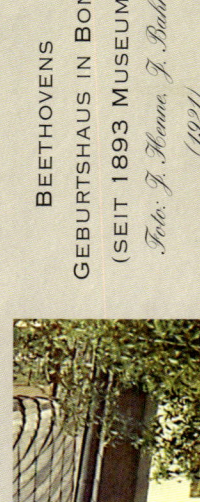

BEETHOVENS
GEBURTSHAUS IN BONN
(SEIT 1893 MUSEUM)
Foto: J. Henne, J. Bahr
(1921)

DAS BONNER RATHAUS

Foto: J. Menne, J. Bala

(1921)

BONN, MÜNSTERKIRCHE
Foto: J. Henne, J. Bahr
(1921)

BONN, KREUZGANG DER MÜNSTERKIRCHE

Foto: J. Mann, J. Bald (1921)

POPPELSDORFER SCHLOSS
Foto: J. Henne, J. Bahr (1921)

DOPPELKIRCHE
ST. MARIA UND
ST. CLEMENS IN
SCHWARZRHEINDORF
Foto: J. Menne, J. Bahr
(1921)

▲

DRACHENFELS IM
SIEBENGEBIRGE
Foto: J. Menne, J. Bahr
(1921)

▼

BLICK AUF NONNENWERTH

Foto: J. Menne, J. Bath (1921)

ERPELER LEY BEI ERPEL AM RHEIN

Foto: J. Henn, J. Bahr (1921)

BLICK AUF BAD
MÜNSTEREIFEL

Foto: J. Menne, J. Buhr
(1921)

ANDERNACH

Foto: J. Menne, J. Buhr
(1921)

DIE KLOSTERRUINE
HIMMEROD
IN DER EIFEL
Foto: J. Henne, J. Buhr
(1922)
▲

DIE ABTEIKIRCHE
VON MARIA LAACH
Foto: J. Henne, J. Buhr
(1921)
▼

KOBLENZ

Foto: Hans Hildenbrand (um 1912)

Der Plan in Koblenz
mit Blick auf die
Liebfrauenkirche
Foto: J. Henne, J. Bahr
(1922)

DER JESUITENPLATZ
IN KOBLENZ

Foto: J. Henne, J. Bahr
(1922)

Koblenz mit Ehrenbreitstein

Foto: J. Henne, J. Bahr (1922)

DAS SCHLOSS IN KOBLENZ

Foto: J. Manne. J. Bahr (1922)

Koblenz, St. Kastor und das Deutsche Eck

Foto: J. Henne, J. Bahr (1922)

AN DER KORNPFORTE
IN KOBLENZ

Foto: J. Hemen, J. Bahr
(1922)

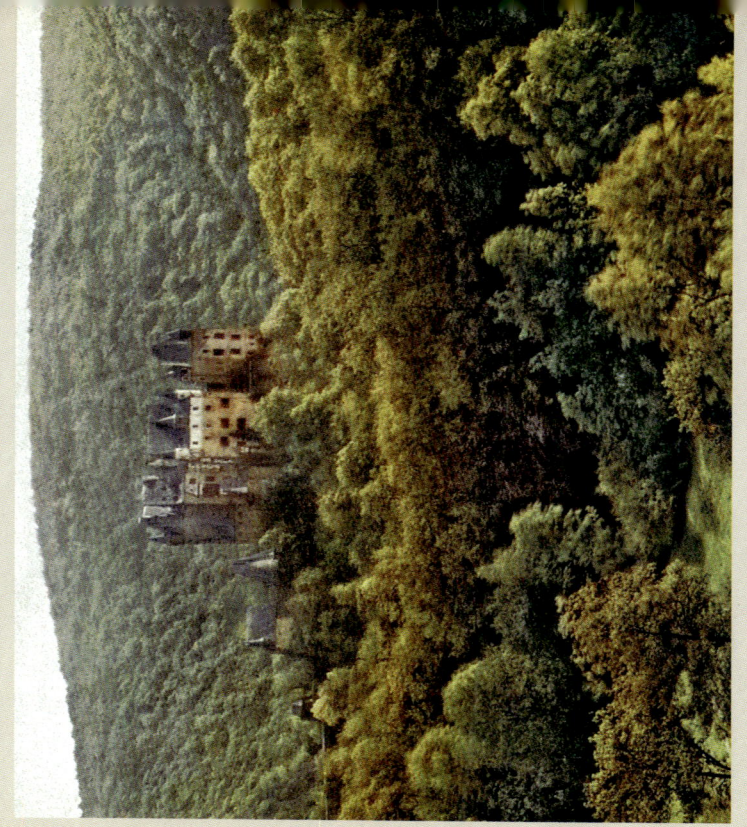

BURG ELTZ WENIGE
MONATE VOR DEM
BRAND VON 1920
Foto: J. Henne, J. Bihr
(1922)

STIFTSKIRCHE IN KARDEN AN DER MOSEL

Foto: J. Henne, J. Bahr (1922)

COCHEM UND
COCHEMER BURG

Foto: J. Henne, J. Buhr
(1922)

BEILSTEIN AN DER MOSEL

Foto: I. Henne, I. Bahr (1922)

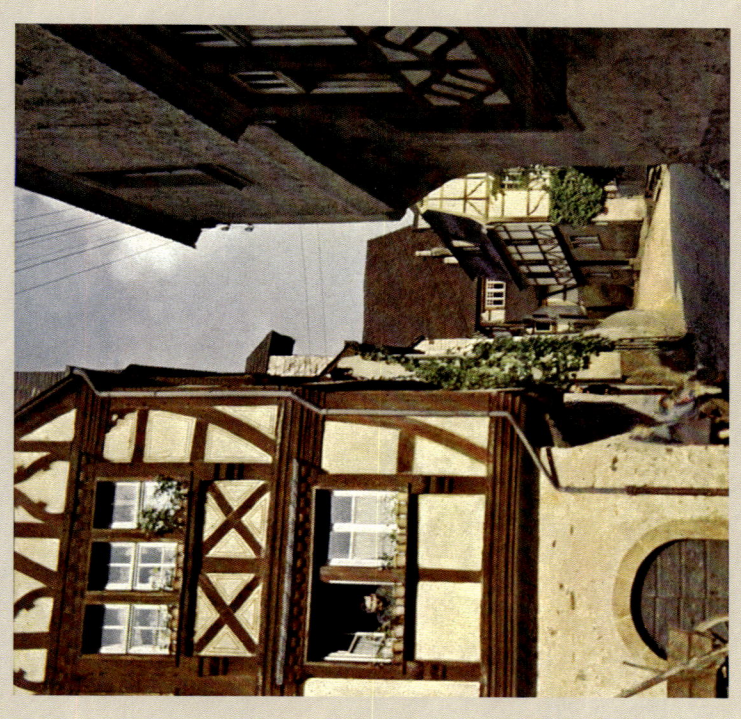

ENKIRCH
AN DER MOSEL
Foto: J. Henne, J. Bahr
(1922)

AM MARKTPLATZ IN
BERNKASTEL

Foto: J. Momm, J. Bode
(1921)

BURG LANDSHUT
BEI BERNKASTEL
Foto: J. Henne, J. Bahr
(1921)

TRIER, BLICK VOM LINKEN MOSELUFER

Foto: J. Hauser, J. Buhr (1924)

TRIER, DOM UND
LIEBFRAUEN

Foto: J. Henne, J. Bahr
(1921)

IN ST. PAULIN IN TRIER
Foto: J. Henne, J. Bahr
(1921) ▲

MARKTPLATZ IN TRIER
Foto: J. Henne, J. Bahr
(1921) ▼

PORTA NIGRA

Foto: J. Mann, J. Bahl (1921)

MITTELRISALIT DES
KURFÜRSTLICHEN
PALASTES IN TRIER
Foto: J. Henna, J. Bahr
(1921)

RUINEN DES KAISERPALASTES IN TRIER

Foto: J. Menne, J. Bode (1921)

KLOSTER ST. MATTHIAS
IN TRIER

Foto: F. Henne. F. Bahr
(1921)

IGELER SÄULE BEI
TRIER (250 N. CHR.)

Das einzige rheinische
Grabmal nördlich der Alpen,
das seit der Antike im
Originalbestand erhalten ist.
Foto: F. Menne, F. Bahr
(1921)

114

KLOSTER ARNSTEIN

Foto: J. Henn, J. Bahr

(1921)

BAD EMS AN DER LAHN

Foto: J. Henne, J. Bohl (1921)

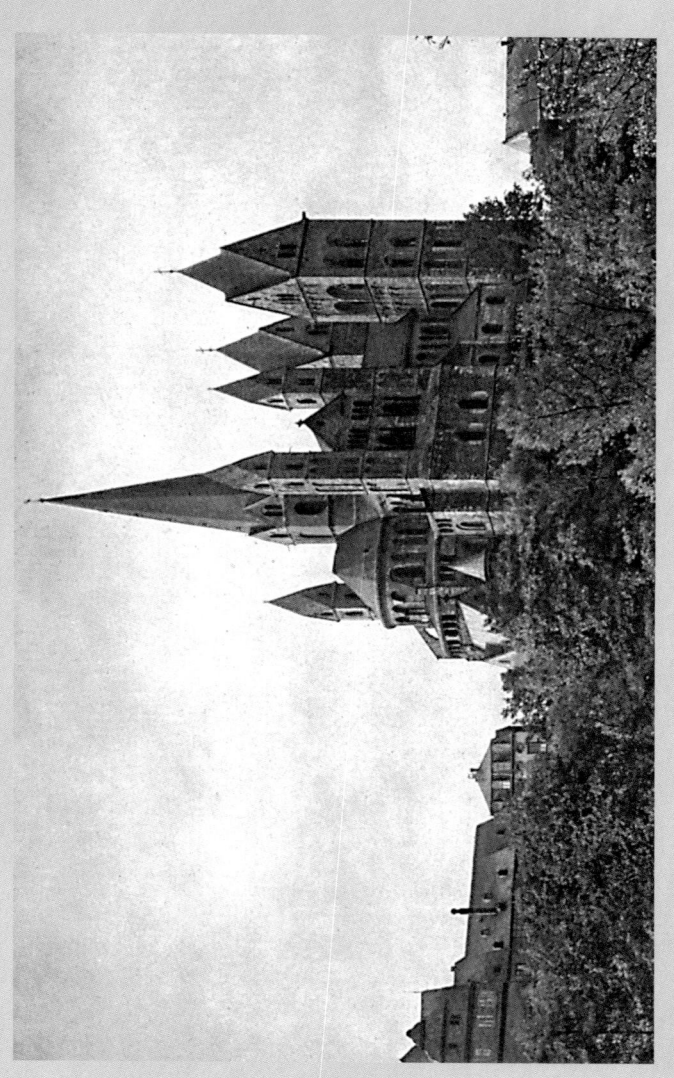

DER DOM IN LIMBURG AN DER LAHN
Foto: J. Henne, J. Bahr (1922)

DER MARKTPLATZ
MIT RATHAUS RHENS
AM RHEIN
Foto: F. Henne, F. Bahr
(1922)
▼

DER DOM IN WETZLAR
AN DER LAHN
Foto: F. Henne, F. Bahr
(1922)
▲

MARTINSKIRCHE
IN OBERWESEL
Foto: F. Henne, F. Bahr
(1922)
▲

DIE LORELEY
Foto: F. Henne, F. Bahr
(1922)
▼

BACHARACH UND STAHLECK

Foto: F. Mumm, F. Bahr (1922)

DAS ALTE HAUS
IN BACHARACH

Foto: J. Henne, J. Bahr
(1922)

NIEDERWALDDENKMAL
BEI RÜDESHEIM
Foto: J. Henne, J. Bahr
(1922)

BINGEN AM RHEIN, DAS
NAHE-UFER MIT
PFARRKIRCHE UND
BURG KLOPP
Foto: J. Henne, J. Bahr
(1922)

KLOSTER RAVENGIERSBURG AUF DEM HUNSRÜCK

Foto: J. Manns, J. Bahr (1922)

BAD KREUZNACH AN DER NAHE

Foto: F. Henne, F. Bahr (1922)

KIEDRICH IM RHEINGAU

Foto: F. Manns, J. Bahr (1922)

ELTVILLE AM RHEIN

Foto: J. Henne, J. Bahr

(1922)

DAS BIEBRICHER
SCHLOSS IN
WIESBADEN

Foto: Fr. Menne, Fr. Bahr
(1922)

▲

WIESBADEN
Foto: Hans Hildenbrand
(1912)

▼

KURHAUS IN WIESBADEN

Foto: J. Menne, J. Bode (1922)

WIESBADEN,
HOFTHEATER

Foto: J. Henne, J. Buhr
(1922)

BLICK AUF MAINZ UND DEN DOM
Foto: J. Hanna, J. Bahr (1922)

Mainz, Deutschordenshaus (Heute Landtag) und Schloss

Foto: J. Henne, J. Bahr (1922)

MAINZ, HOF IM
WIRTSHAUS „ZUM
KÖNIG VON ENGLAND"

*Mozart logierte hier im
August 1763. Das Haus
brannte 1942 nieder und
wurde nicht wieder aufgebaut.*
*Foto: P. Henn, P. Bahr
(1922)*

ST. PETER IN MAINZ

Die Kirche wurde durch
Bomben im Februar 1945
fast vollständig zerstört, ein
Großteil der Innenausstattung
ging verloren.

Foto: J. Henne, J. Bahr
(1922)

WORMS MIT ERNST-
LUDWIG-BRÜCKE,
Im März 1945 von der
Wehrmacht gesprengt, an
ihrer Stelle steht heute die
Nibelungenbrücke.
(Foto um 1920)

▲

RÖMISCHE
STEINDENKMÄLER IM
ALTERTUMSMUSEUM
IN MAINZ
Foto: Franz de Greusilliers,
J. Bahr (1919)

▼

MANNHEIM, ROSENGARTEN

(1911)

HAFEN IN MANNHEIM
(um 1920)

DER DOM ZU SPEYER

(vor 1921)

LANDAU IN DER PFALZ

Foto: Franz de Grevilliers, J. Bahr (1919)

HINWEIS

Die Angabe der Jahreszahl in den Bildunterschriften bezieht sich nicht auf den Zeitpunkt der Entstehung, der in den meisten Fällen nicht genau zu ermitteln ist, sondern auf das Jahr der Veröffentlichung.

WEITERFÜHRENDE LITERATUR ZUM THEMA "GESCHICHTE DER FARBFOTOGRAFIE" (AUSWAHL):

• Louis Walton Sipley, A half century of color. New York 1951

• Brian Coe, Farbphotographie und ihre Verfahren. Die ersten hundert Jahre in natürlichen Farben 1840–1940, München 1979

• Roger Bellone, Luc Fellot, Histoire mondiale de la photographie en couleures, Paris 1981

• Gert Koshofer, Farbfotografie. Bd. 1: Alte Verfahren, Bd. 2: Moderne Verfahren, Bd. 3: Lexikon der Verfahren, Geräte und Materialien, München 1981

• Farbe im Foto. Die Geschichte der Farbphotographie von 1861 bis 1981. Katalog zur Ausstellung in der Josef Haubrich-Kunsthalle, Köln 1981

• Winfried Mönch, Un regard allemand sur le front français. In: Couleurs de guerre. Autochromes 1914–1918, Reims & La Marne 2006, S. 47–62

• Helmut Seibt, Damals in Althagen. Der Geheimrat Adolf Miethe mit seiner Familie in der Sommerfrische 1901 bis 1927, Briefwechsel und gesammelte Texte, Ahrenshoop 2007

• Pamela Roberts, 100 Jahre Farbfotografie, Berlin 2007

BILDNACHWEIS

Franz de Grousilliers, J. Bahr: 139, 143; J. Henne, J. Bahr: 25-28, 30-33, 35-41, 43, 44, 47-91, 93-130, 132-138; Hans Hildenbrand: 29, 92, 131; Adolf Miethe: 15, 16; Slg. P. Walther: 6-8

Für zahlreiche Hinweise danke ich Dr. Harald List (Berlin).